Impressum
Verlag: BABADADA GmbH, Nedderfeld 112 , 22529 Hamburg
Geschäftsführer / Verlagsleitung: Harald Hof
Druck: Books on Demand GmbH, In de Tarpen 42, 22848 Norderstedt

Imprint
Publisher: BABADADA GmbH, Nedderfeld 112 , 22529 Hamburg, Germany
Managing Director / Publishing direction: Harald Hof
Print: Books on Demand GmbH, In de Tarpen 42, 22848 Norderstedt

школа

el colegio

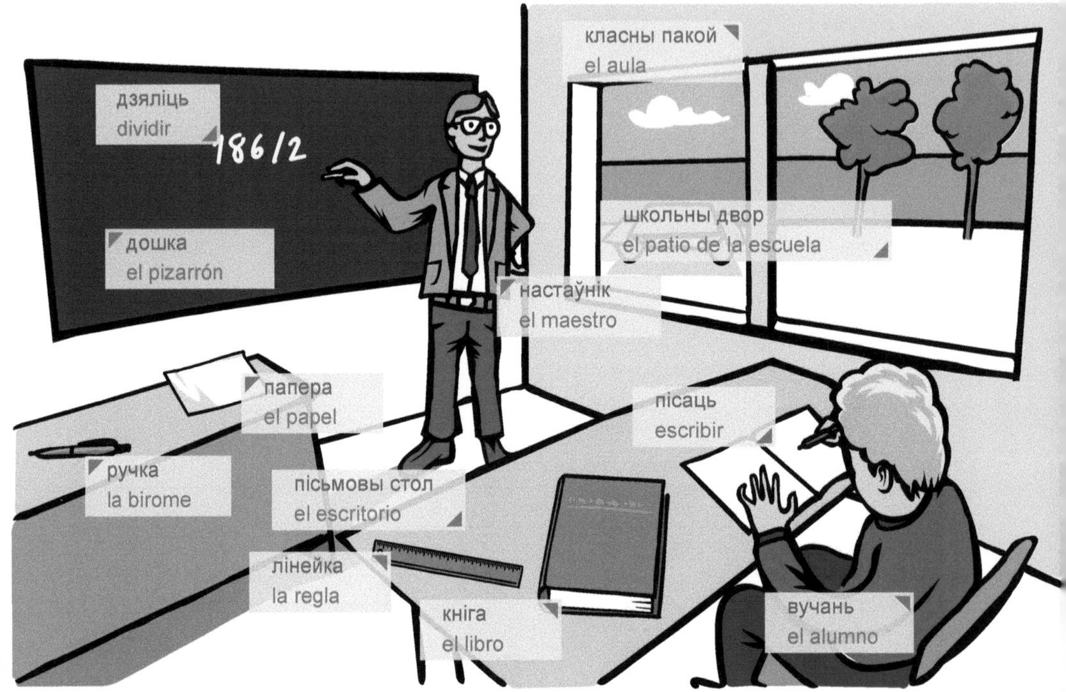
класны пакой
el aula
дзяліць
dividir
186/2
школьны двор
el patio de la escuela
дошка
el pizarrón
настаўнік
el maestro
папера
el papel
пісаць
escribir
ручка
la birome
пісьмовы стол
el escritorio
лінейка
la regla
кніга
el libro
вучань
el alumno

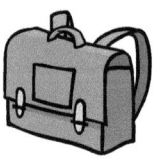

ранец

la mochila

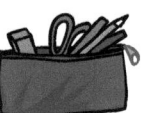

пенал

la caja de lápices

просты аловак

el lápiz

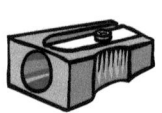

тачылка для алоўкаў

el sacapuntas

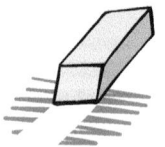

гумка

la goma (de borrar)

альбом для малявання

el bloc de dibujo

малюнак

el dibujo

пэндзлік

el pincel

фарбы

la caja de pinturas

нажніцы

la tijera

клей

el pegamento

сшытак

el cuaderno de ejercicios

хатняе заданне

la tarea

лік

el número

дадаваць

sumar

адымаць

restar

множыць

multiplicar

лічыць

calcular

літара

la letra

алфавіт

el abecedario

слова

la palabra

тэкст

el texto

чытаць

leer

крэйда

la tiza

ўрок

la lección

класны журнал

el cuaderno de clase

экзамен

el examen

атэстат

el certificado

школьная форма

el uniforme escolar

адукацыя

la educación

энцыклапедыя

la enciclopedia

універсітэт

la universidad

мікраскоп

el microscopio

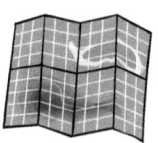

карта

el mapa

смеццевы кошык

el tacho (de basura)

падарожжа
el viaje

гатэль
el hotel
Grand
хостэл
el hostel
ROOMS
EXCHANGE
абменны пункт
la casa de cambio
чамадан
la valija
аўтамабіль
el auto

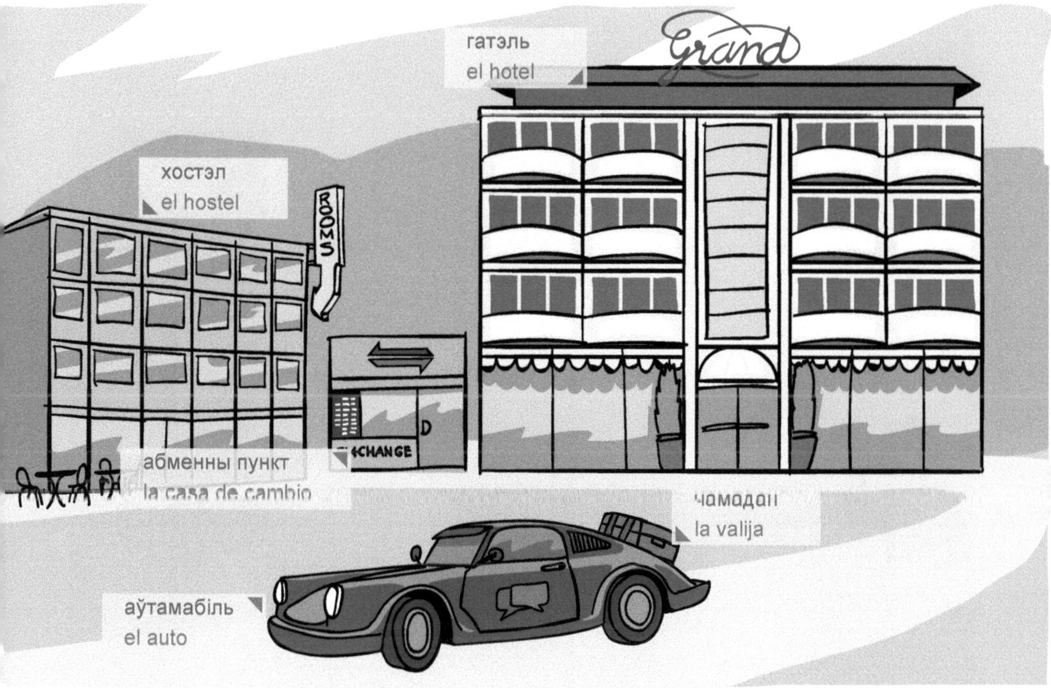

мова

el idioma

так / не

sí / no

добра

Está bien

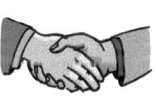

прывітанне!

hola

перакладчык

el traductor

дзякуй

Gracias

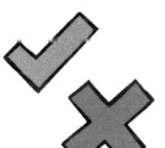

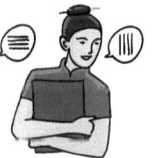

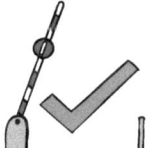

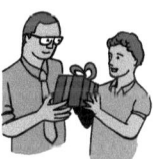

Колькі каштуе....?

¿cuánto cuesta...?

я не разумею

No entiendo

праблема

el problema

Добры вечар!

¡Buenas tardes!

Добрай раніцы!

¡Buenos días!

Дабранач!

¡Buenas noches!

да пабачэння

el adiós

кірунак

la dirección

багаж

el equipaje

сумка

el bolso

заплечнік

la mochila

госць

el invitado

пакой

la habitación

спальны мяшок

la bolsa de dormir

палатка

la carpa

інфармацыя для турыстаў

la información turística

пляж

la playa

крэдытная картка

la tarjeta de crédito

снеданне

el desayuno

абед

el almuerzo

вячэра

la cena

праязны білет

el pasaje

ліфт

el ascensor

паштовая марка

el sello

мяжа

la frontera

мытня

la aduana

пасольства

la embajada

віза

la visa

пашпарт

ol posaporte

транспарт
el transporte

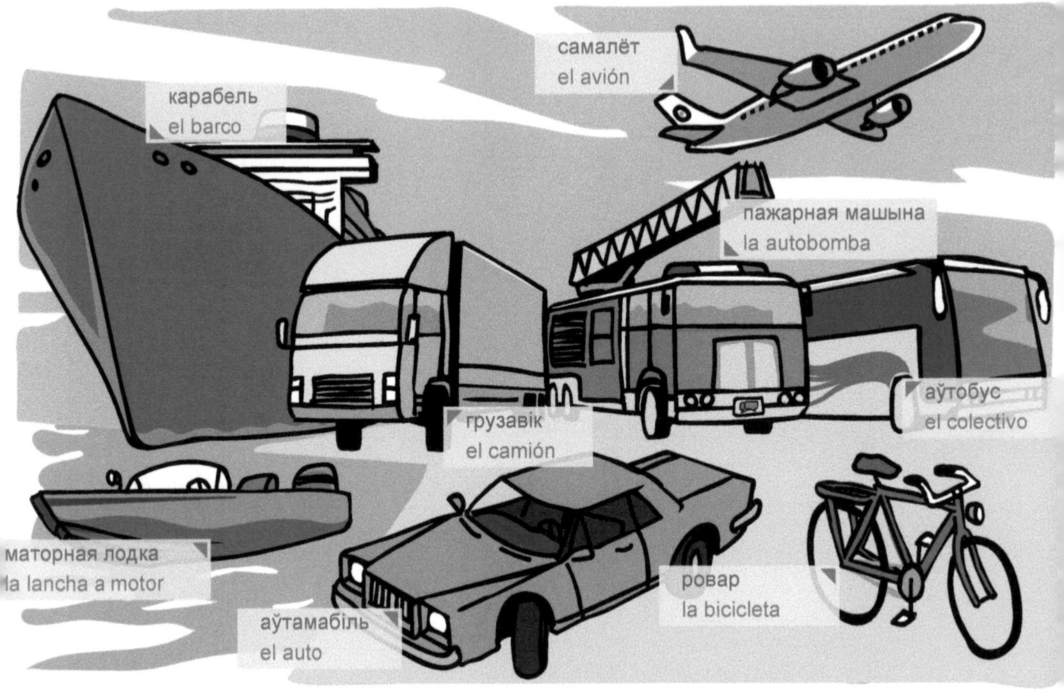
самалёт
el avión
карабель
el barco
пажарная машына
la autobomba
аўтобус
el colectivo
грузавік
el camión
маторная лодка
la lancha a motor
ровар
la bicicleta
аўтамабіль
el auto

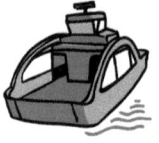

паром

el ferry

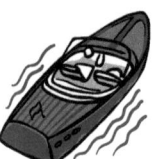

лодка

el bote

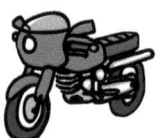

матацыкл

la moto

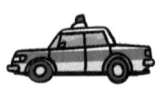

паліцэйская машына

el patrullero

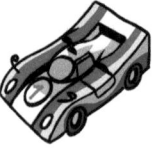

гоначны аўтамабіль

el auto de carreras

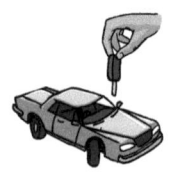

арэндаваны аўтамабіль

el auto de alquiler

сумеснае карыстанне
аўтамабілем

el alquiler de autos

эвакуатар

la grúa

смеццявоз

el camión de la basura

матор

el motor

паліва

la nafta

запраўка

la estación de servicio

дарожны знак

la señal de tránsito

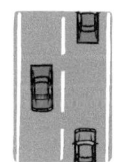

дарожны рух

el tránsito

затор

el embotellamiento

паркоўка

el estacionamiento

чыгуначная станцыя

la estación de tren

рэйкі

las vías

цягнік

el tren

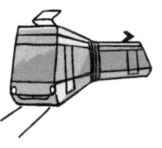

трамвай

el tranvía

вагон

el vagón

верталёт

el helicóptero

аэрапорт

el aeropuerto

вежа

la torre

пасажыр

el pasajero

кантэйнер

el contenedor

кардонная скрыня

la caja de cartón

тачка

la carretilla

карзіна

la canasta

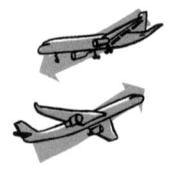

ўзлятаць / прызямляцца

despegar / aterrizar

горад

la ciudad

вёска

el pueblo

цэнтр горада

el centro de la ciudad

дом

la casa

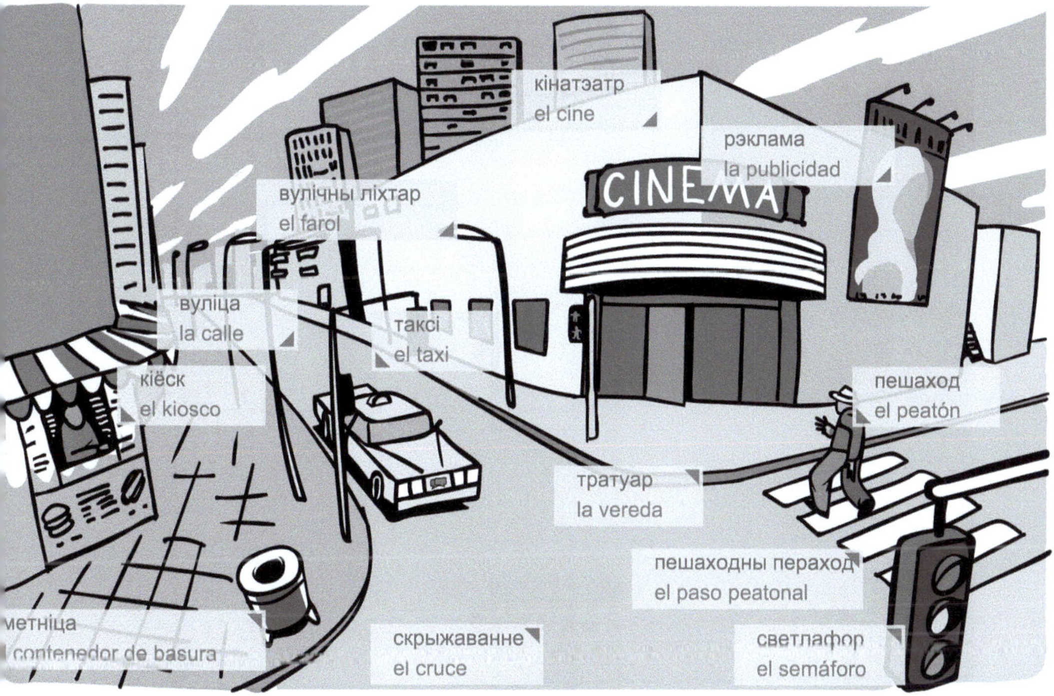

кінатэатр
el cine

рэклама
la publicidad

вулічны ліхтар
el farol

вуліца
la calle

таксі
el taxi

кіёск
el kiosco

пешаход
el peatón

тратуар
la vereda

пешаходны пераход
el paso peatonal

метніца
contenedor de basura

скрыжаванне
el cruce

светлафор
el semáforo

халупа

la cabaña

кватэра

el departamento

чыгуначная станцыя

la estación de tren

ратуша

la municipalidad

музей

el museo

школа

el colegio

універсітэт

la universidad

банк

el banco

шпіталь

el hospital

гатэль

el hotel

аптэка

la farmacia

офіс

la oficina

кнігарня

la librería

крама

el negocio

кветкавая крама

la florería

супермаркет

el supermercado

кірмаш

el mercado

універмаг

las grandes tiendas

рыбная крама

la pescadería

гандлевы цэнтр

el centro comercial

порт

el puerto

парк

el parque

лава

el banco

мост

el puente

лесвіца

las escaleras

метро

el subte

тунэль

el túnel

прыпынак

la parada del colectivo

бар

el bar

рэстаран

el restaurante

паштовая скрыня

el buzón

вулічны паказальнік

el letrero

паркамат

el parquímetro

заапарк

el zoológico

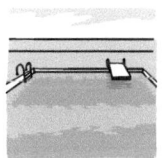

басейн

la pileta

мячэць

la mezquita

сядзіба

la granja

забруджванне
навакольнага асяроддзя

la contaminación

могілкі

el cementerio

царква

la iglesia

пляцоўка для гульні

los juegos infantiles

храм

el templo

краявід

el paisaje

ліст
la hoja

паказальнік
el poste indicador

дарога
el camino

луг
la pradera

камень
la piedra

дрэва
el árbol

падарожнік
el excursionista

рака
el río

трава
la hierba

кветка
la flor

даліна

el valle

гара

la montaña

возера

el lago

лес

el bosque

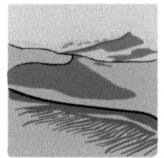

пустыня

el desierto

вулкан

el volcán

замак

el castillo

вясёлка

el arco iris

грыб

el champiñón

пальма

la palmera

камар

el mosquito

муха

la mosca

мурашка

la hormiga

пчала

la abeja

павук

la araña

жук

el escarabajo

жаба

la rana

вавёрка

la ardilla

вожык

el erizo

заяц

la liebre

сава

la lechuza

птушка

el pájaro

лебедзь

el cisne

дзік

el jabalí

алень

el ciervo

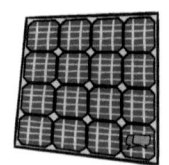

лось

el alce

плаціна

la presa

вятрак

el aerogenerador

сонечная батарэя

el panel solar

климат

el clima

рэстаран
el restaurante

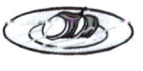

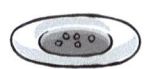

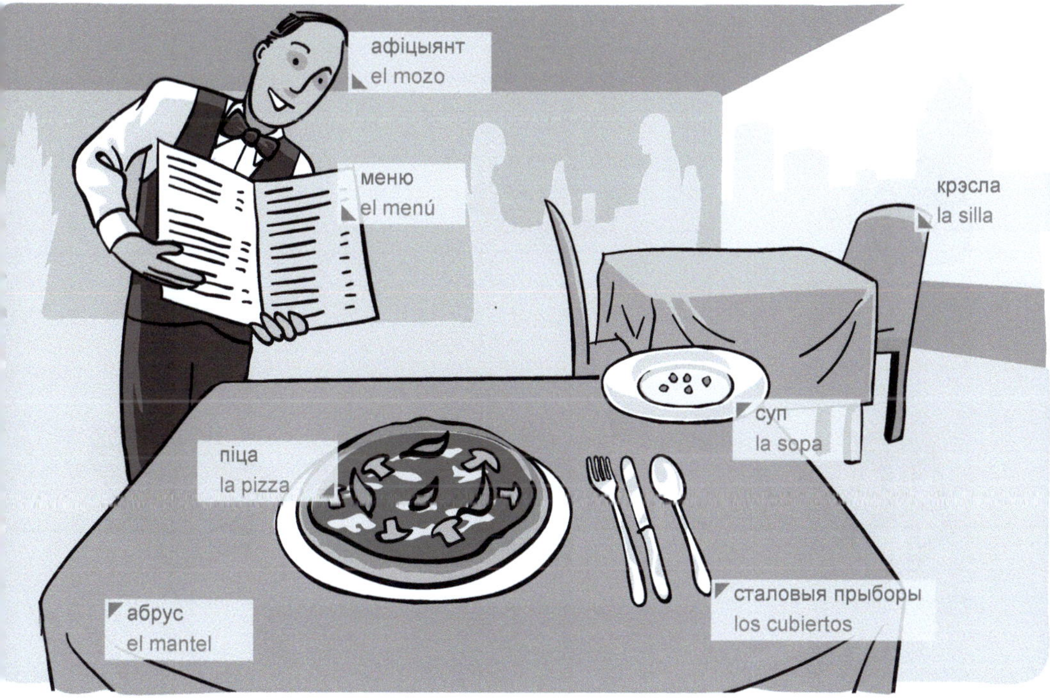

афіцыянт
el mozo
меню
el menú
крэсла
la silla
суп
la sopa
піца
la pizza
абрус
el mantel
сталовыя прыборы
los cubiertos

закуска
....
la entrada

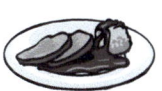

другая страва
....
el plato principal

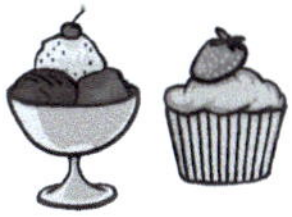

дэсерт
....
el postre

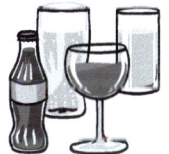

напоі
....
las bebidas

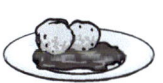

ежа
....
la comida

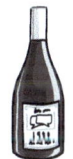

бутэлька
....
la botella

хуткае харчаванне (фаст-фуд)

la comida rápida

стрыт-фуд

la comida callejera

імбрык (чайнік)

la tetera

цукарніца

la azucarera

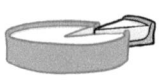

порцыя

la porción

эспрэса-машына

la cafetera expreso

дзіцячае крэселка

la sillita alta

рахунак

la cuenta

паднос

la bandeja

нож

el cuchillo

відэлец

el tenedor

лыжка

la cuchara

чайная лыжка

la cucharita

сурвэтка

la servilleta

шклянка

el vaso

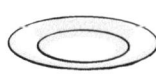

талерка

el plato

супавая талерка

el plato hondo

сподак

el plato

соус

la salsa

сальніца

el salero

млынок для перцу

el molinillo de pimienta

воцат

el vinagre

алей

el aceite

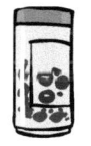

спецыі

las especias

кетчуп

el kétchup

гарчыца

la mostaza

маянэз

la mayonesa

супермаркет

el supermercado

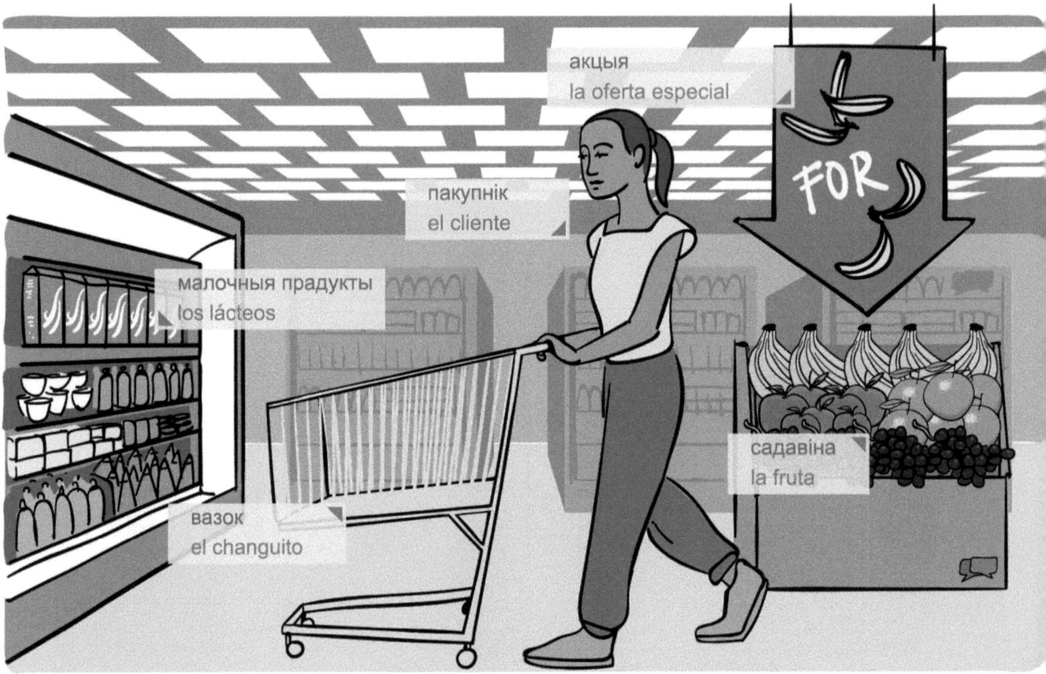

акцыя
la oferta especial
FOR
пакупнік
el cliente
малочныя прадукты
los lácteos
садавіна
la fruta
вазок
el changuito

BUTCHERS

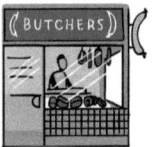

мясная крама

la carnicería

BAKERY

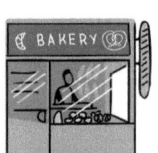

хлебны магазін

la panadería

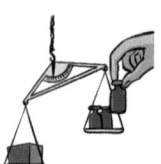

важыць

pesar

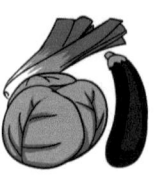

гароднiна

las verduras

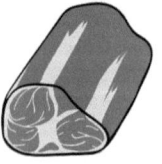

мяса

la carne

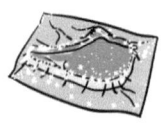

свежазамарожаныя прадукты

los alimentos congelados

нарэзка

los fiambres

кансервы

los alimentos enlatados

пральны парашок

el detergente en polvo

прысмакі

las golosinas

хатнія прылады

los electrodomésticos

чысцячы сродак

los productos de limpieza

прадавец

la vendedora

каса

la caja

касір

el cajero

спіс пакупак

la lista de compras

гадзіны працы

el horario de atención

бумажнік

la billetera

крэдытная картка

la tarjeta de crédito

сумка

la cartera

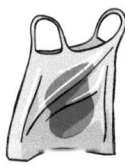

пакет

la bolsa de plástico

las bebidas

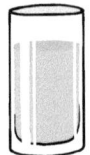

вада

el agua

сок

el jugo

малако

la leche

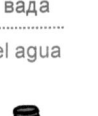

кола

la bebida cola

віно

el vino

піва

la cerveza

алкаголь

el alcohol

какава

el cacao

гарбата (чай)

el té

кава

el café

эспрэса

el café expreso

капучына

el cappuccino

банан

la banana

яблык

la manzana

апельсін

la naranja

дыня

el melón

лімон

el limón

морква

la zanahoria

часнок

el ajo

бамбук

el bambú

цыбуля

la cebolla

грыб

el champiñón

арэхі

las nueces

локшына

los fideos

спагеці

los tallarines

рыс

el arroz

салата

la ensalada

бульба фры

las papas fritas

смажаная бульба

las papas fritas

піца

la pizza

гамбургер

la hamburguesa

бутэрброд

el sándwich

шніцаль

el churrasco

вяндліна

el jamón

салямі

el salame

каўбаса

la salchicha

курыца

el pollo

смажаніна

el asado

рыбак

el pescado

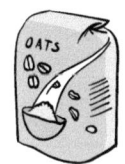

аўсяныя камякі

los copos de avena

мюслі

el muesli

кукурузныя шматкі

los copos de maíz

мука

la harina

круасан

la medialuna

булачка

el pancito

хлеб

el pan

тост

la tostada

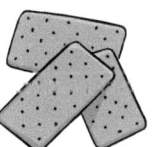

пячэнне

las galletitas

масла

la manteca

тварог

la cuajada

пірог

la torta

яйка

el huevo

яечня

el huevo frito

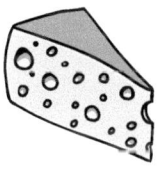

сыр

el queso

марожанае

el helado

цукар

el azúcar

мёд

la miel

варэнне

la mermelada

нуга

la pasta de chocolate

кары

el curry

сядзіба
la granja

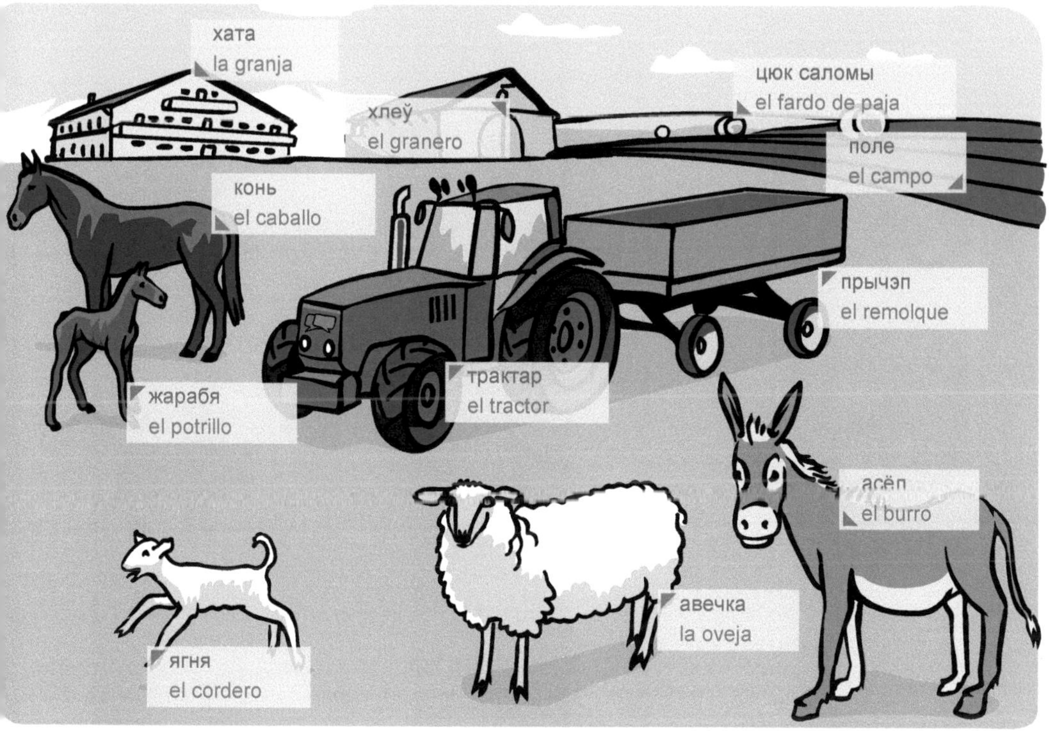
хата
la granja
хлеў
el granero
цюк саломы
el fardo de paja
поле
el campo
конь
el caballo
прычэп
el remolque
трактар
el tractor
жарабя
el potrillo
асёл
el burro
авечка
la oveja
ягня
el cordero

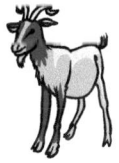

каза
la cabra

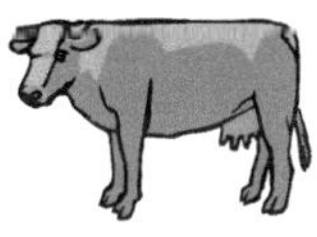
карова
la vaca

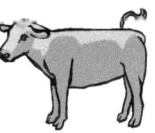

цяля
el ternero

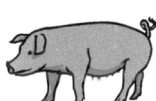

свіння
el cerdo

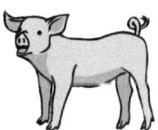

парася
el lechón

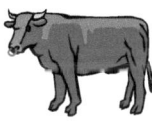

бык
el toro

гусак

el ganso

качка

el pato

кураня

el pollo

курыца

la gallina

певень

el gallo

пацук

la rata

кот

el gato

мыш

el ratón

вол

el buey

сабака

el perro

сабачая будка

la cucha

садовы шланг

la manguera

палівачка

la regadera

каса

la guadaña

плуг

el arado

серп

la hoz

матыка

la azada

вілы для гною

la horquilla

сякера

el hacha

тачка

la carretilla

карыта

el abrevadero

бітон для малака

la lechera

мех

la bolsa

плот

la reja

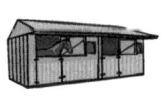

хлеў

el establo

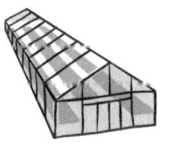

цяпліца

el invernadero

глеба

el suelo

насенне

la semilla

угнаенне

el fertilizador

камбайн

la cosechadora

збіраць ураджай

cosechar

ураджай

la cosecha

ямс

las batatas

пшаніца

el trigo

соя

la soja

бульба

la papa

кукуруза

el maíz

рапс

la semilla de colza

садовае дрэва

el árbol frutal

маніёк

la mandioca

збожжа

los cereales

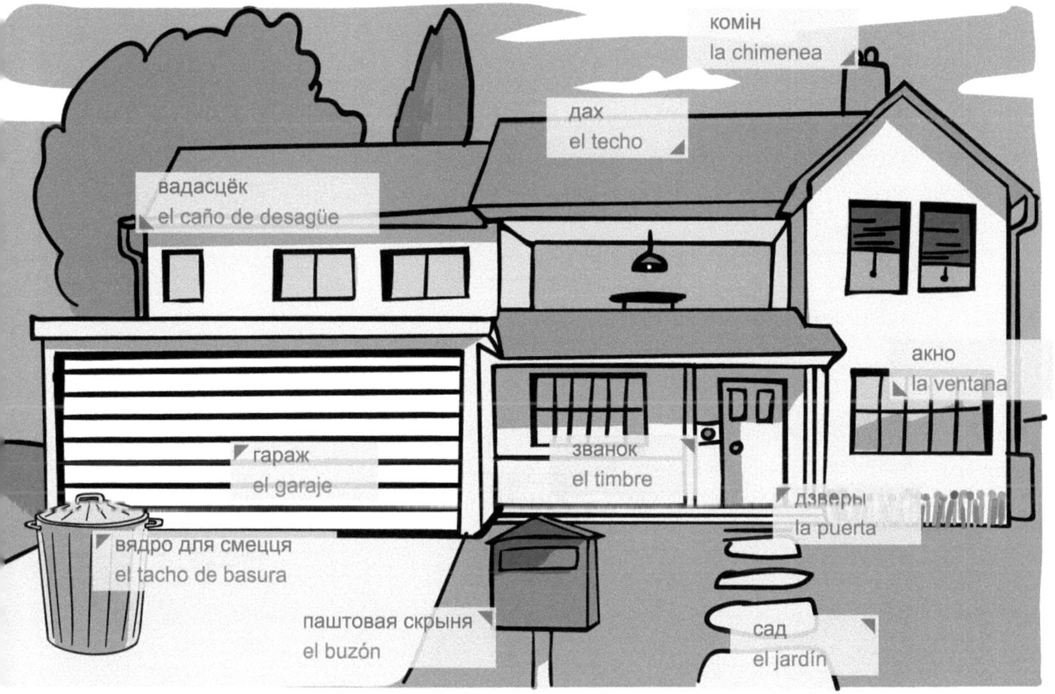

комін
la chimenea

дах
el techo

вадасцёк
el caño de desagüe

акно
la ventana

гараж
el garaje

званок
el timbre

дзверы
la puerta

вядро для смецця
el tacho de basura

паштовая скрыня
el buzón

сад
el jardín

жылы пакой

el living

ванная

el baño

кухня

la cocina

спальны пакой

el dormitorio

дзіцячы пакой

el cuarto de los chicos

сталоўка

el comedor

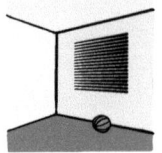

падлога

el piso

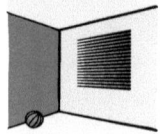

сцяна

la pared

столь

el cielorraso

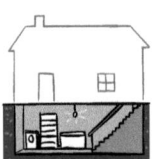

падвал

el sótano

саўна

el sauna

балкон

el balcón

тэраса

la terraza

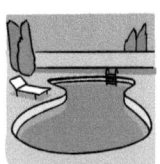

басейн

la pileta

касілка

la cortadora de pasto

падкоўдранік

la sábana

коўдра

el acolchado

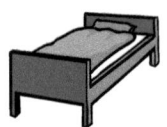

ложак

la cama

венік

la escoba

вядро

el balde

выключальнік

el interruptor

шпалеры
el empapelado

малюнак
la imagen

лямпа
la lámpara

паліца
el estante

шафа
el armario

камін
la chimenea

тэлевізар
la televisión

кветка
la flor

падушка
el almohadón

канапа
el sofá

ваза
el florero

пульт
el control remoto

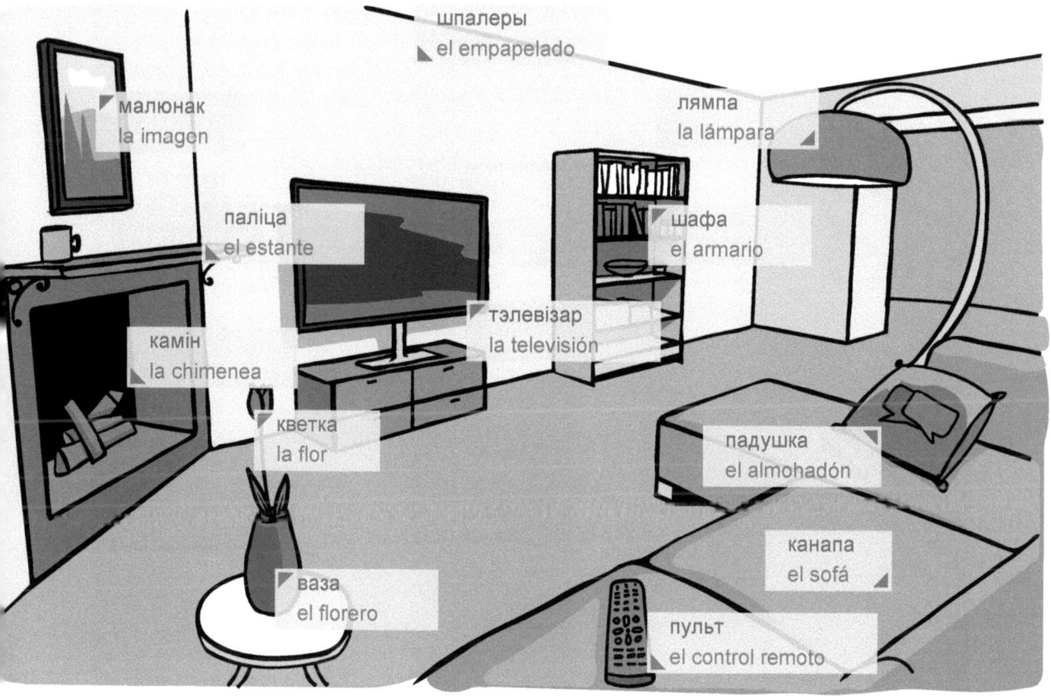

дыван

la alfombra

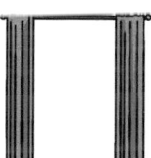

фіранка

la cortina

стол

la mesa

крэсла

la silla

крэсла-качалка

la mecedora

крэсла

el sillón

кніга

el libro

коўдра

la frazada

дэкарацыя

la decoración

дровы

la leña

кіно

la película

стэрэасістэма

el equipo de música

ключ

la llave

газета

el diario

карціна

la pintura

постар

el póster

радыё

la radio

нататнік

el cuaderno

пыласос

la aspiradora

кактус

el cactus

свечка

la vela

кухня

la cocina

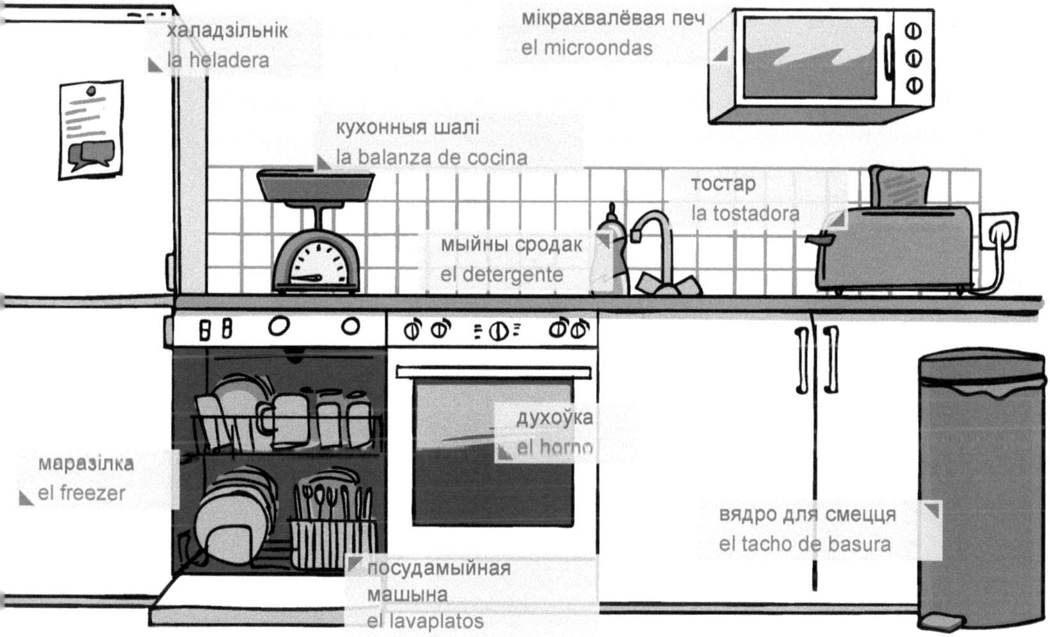

халадзільнік
la heladera
мікрахвалёвая печ
el microondas
кухонныя шалі
la balanza de cocina
тостар
la tostadora
мыйны сродак
el detergente
духоўка
el horno
маразілка
el freezer
вядро для смецця
el tacho de basura
посудамыйная машына
el lavaplatos

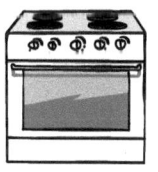

пліта

la cocina

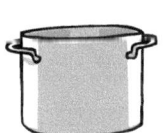

рондаль

la olla

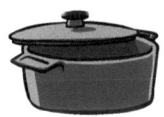

чыгунок

la olla de hierro fundido

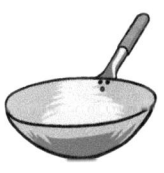

Вок / кадаі

el wok

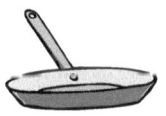

патэльня

la sartén

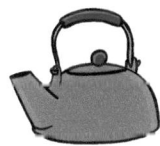

чайнік

la pava

параварка
la vaporera

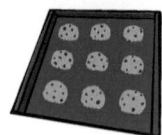

бляха
la bandeja de horno

посуд
la vajilla

кубак
la taza

міска
el bol

палачкі для ежы
los palitos

чарпак
el cucharón

лапатачка
la espátula

збівалка
la batidora

сіта для варэння
el colador

сіта
el colador

тарка
el rallador

ступка
el mortero

грыль
la parrilla

вогнішча
la fogata

дошка

la tabla de picar

качалка

el palo de amasar

штопар

el sacacorchos

бляшанка

la lata

адкрывалка

el abrelatas

прыхваткі

la manopla

ракавіна

la pileta

шчотка

el cepillo

губка

la esponja

міксер

la batidora

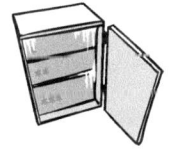

маразільная камера

el congelador

бутэлечка

la mamadera

вадаправодны кран

la canilla

ванная

el baño

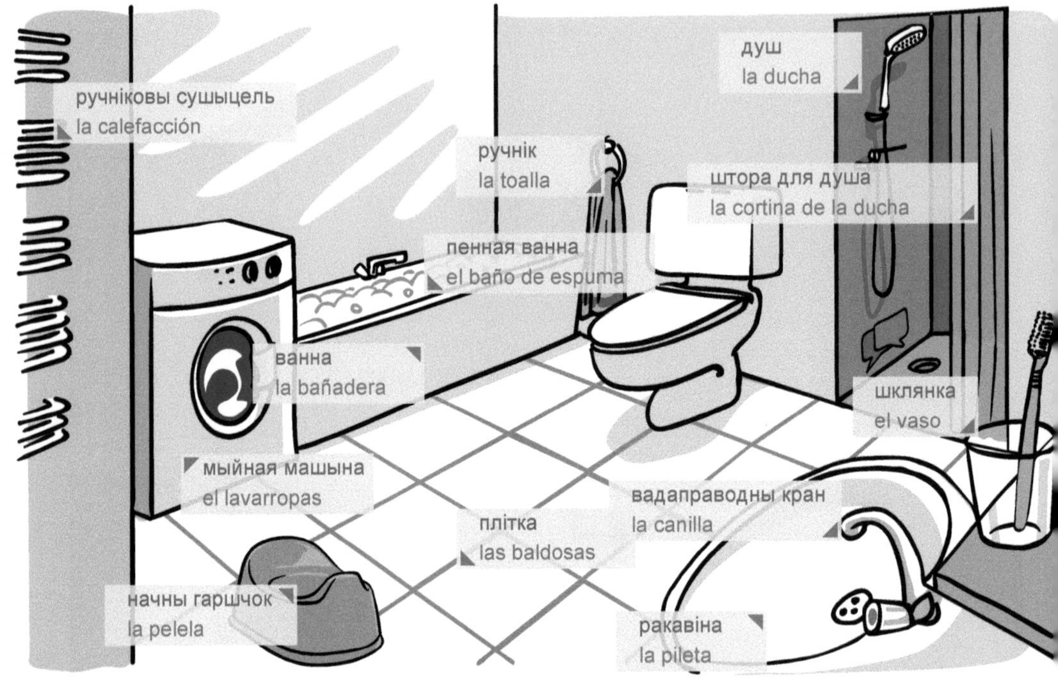

ручніковы сушыцель
la calefacción
ручнік
la toalla
душ
la ducha
штора для душа
la cortina de la ducha
пенная ванна
el baño de espuma
ванна
la bañadera
шклянка
el vaso
мыйная машына
el lavarropas
вадаправодны кран
la canilla
плітка
las baldosas
начны гаршчок
la pelela
ракавіна
la pileta

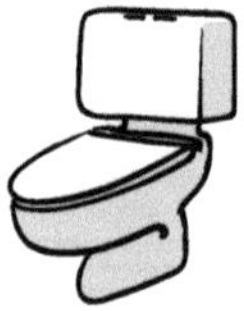

туалет

el inodoro

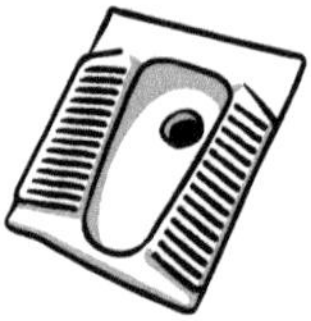

падлогавы ўнітаз

la letrina

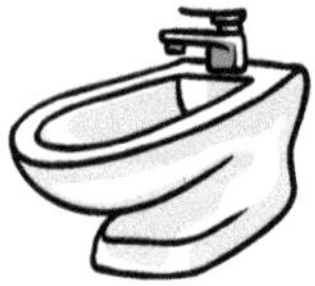

бідэ

el bidé

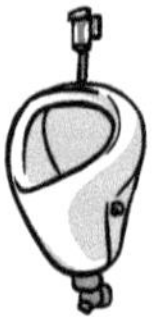

пісуар

el mingitorio

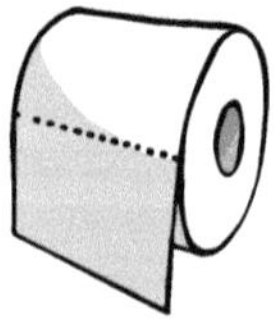

туалетная папера

el papel higiénico

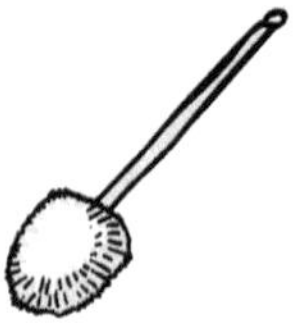

шчотка для чысткі ўнітаза

el cepillo para el inodoro

зубная шчотка

el cepillo de dientes

зубная паста

el dentífrico

зубная нітка

el hilo dental

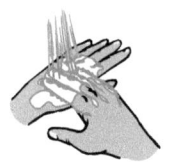

мыць

lavar

ручны душ

la ducha de mano

інтымны душ

la ducha higiénica

умывальнік

la palangana

шчотка для спіны

el cepillo para la espalda

мыла

el jabón

гель для душа

el gel de ducha

шампунь

el shampoo

вяхотка

la toallita

вадасцёк

el docagüc

крэм

la crema

дэзадарант

el desodorante

люстэрка

el espejo

касметычнае люстэрка

el espejito

станок для галення

la maquinita de afeitar

пена для галення

la espuma de afeitar

ласьён пасля галення

el aftershave

грэбень

el peine

шчотка

el cepillo

фен

el secador de pelo

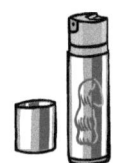

лак для валасоў

el spray

касметыка

el maquillaje

памада

el lápiz de labios

лак для пазногцяў

el esmalte para uñas

вата

el algodón

манікюрныя нажніцы

la tijera para uñas

духі

el perfume

касметычка
el portacosméticos

табурэтка
la banqueta

вагі
la balanza

лазневы халат
la bata

санітарныя пальчаткі
los guantes de goma

тампон
el tampón

гігіенічныя пракладкі
la toallita femenina

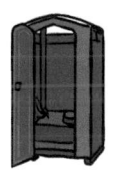

біятуалет
el baño químico

дзіцячы пакой

el cuarto de los chicos

будзільнік
el despertador
мяккая цацка
el peluche
цацачная машынка
el coche de juguete
бразготка
el sonajero
лялечны домік
la casa de muñecas
падарунак
el regalo

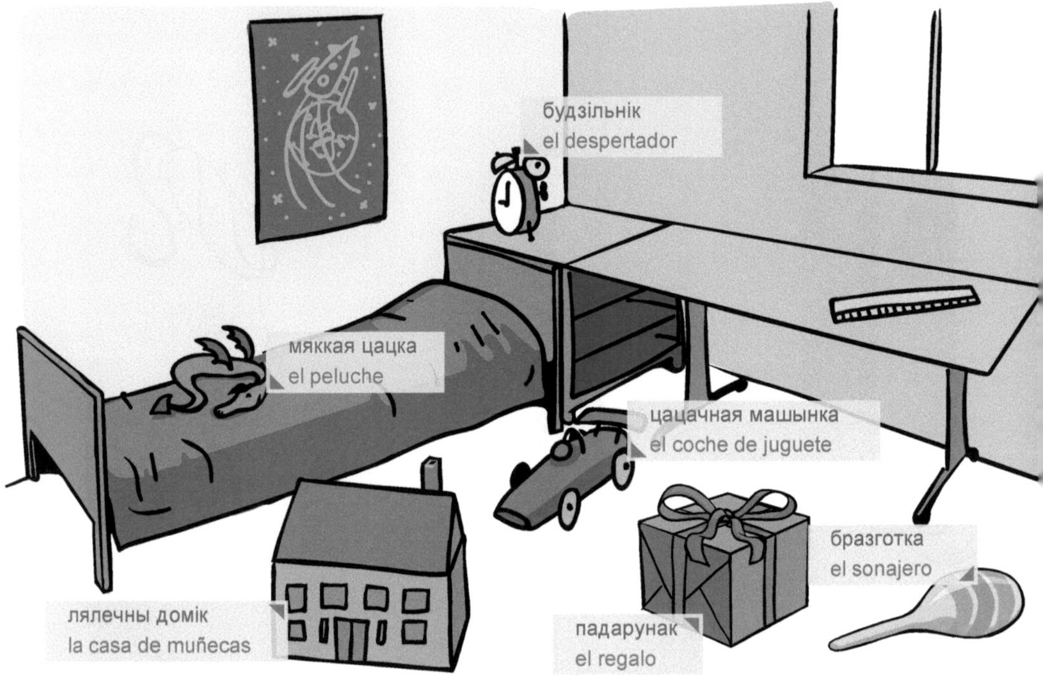

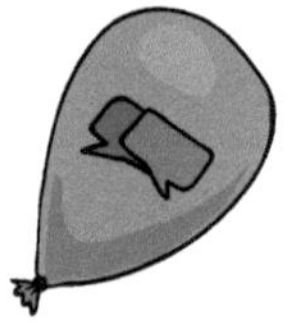

надзіманы шарык

el globo

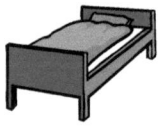

ложак

la cama

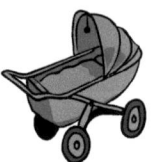

дзіцячая каляска

el cochecito

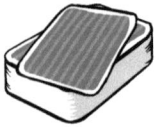

калода картаў

las cartas

пазл

el rompecabezas

SUPER
MEGA

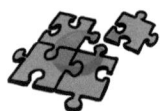

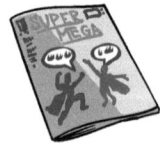

комікс

la historieta

канструктар "Лега"

las piezas de lego

канструктар

los ladrillos de juguete

экшэн-фігурка

la figura de acción

дзіцячы гарнітур

el enterito (de bebé)

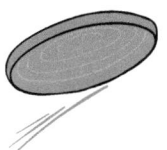

фрызбі

el frisbee

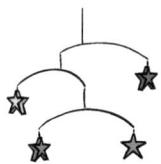

дзіцячы мабіль

el móvil para bebés

настольная гульня

el juego de mesa

кубік

los dados

дзіцячая чыгунка

el tren eléctrico

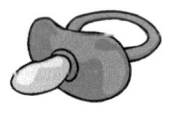

пустышка

el chupete

дзіцячае свята

la fiesta

кніга з малюнкамі

el libro de cuentos ilustrado

мячык

la pelota

лялька

la muñeca

гуляцца

jugar

пясочніца

el arenero

арэлі

la hamaca

цацкі

los juguetes

гульнявая відэа прыстаўка

la consola de videojuegos

трохколавы ровар

el triciclo

плюшавы мішка

el osito de peluche

шафа

el armario

адзенне

la ropa

шкарпэткі

las medias

панчохі

las medias panty

калготкі

las calzas

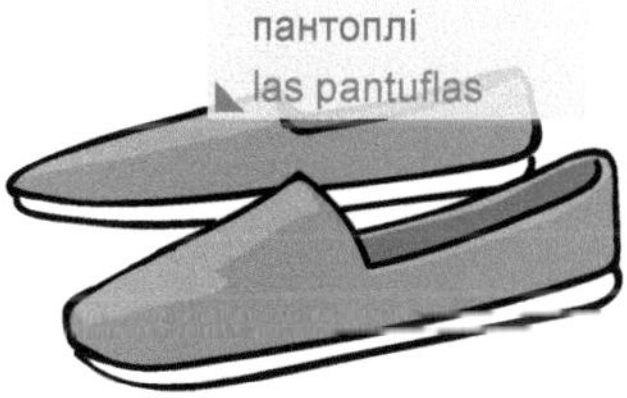

шалік
la bufanda

парасон
el paraguas

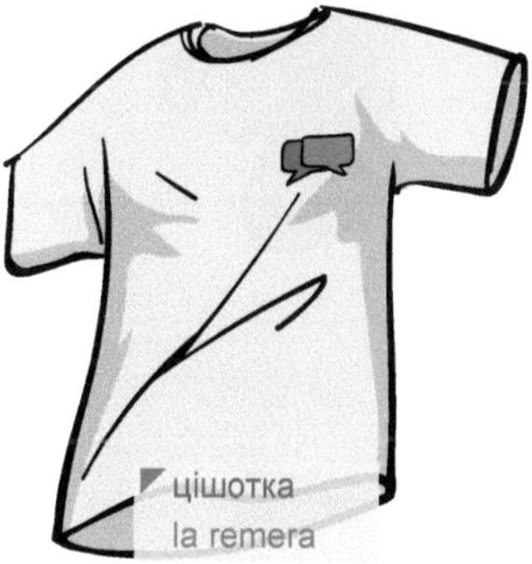

цішотка
la remera

рамень
el cinturón

боты
las botas

пантоплі
las pantuflas

красоўкі
las zapatillas

сандалі

las sandalias

абутак

los zapatos

гумовыя боты

las botas de goma

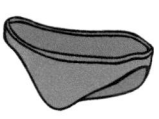

трусы

la ropa interior

бюстгальтар

el corpiño

майка

el chaleco

бодзі
el body

штаны
los pantalones

джынсы
los jeans

спадніца
la pollera

блузка
la blusa

кашуля
la camisa

джэмпер
el pulóver

талстоўка
el buzo

блэйзер
el blazer

куртка
la campera

паліто
el tapado

дажджавік
el piloto

касцюм
el traje

сукенка
el vestido

вясельная сукенка
el vestido de novia

касцюм

el traje

начная сарочка

el camisón

піжама

el pijama

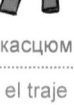

сары

el sari

хустка

el pañuelo para la cabeza

цюрбан

el turbante

паранджа

la burka

каптан

el caftán

Абая

la abaya

купальнік

el traje de baño

плаўкі

el short de baño

шорты

los shorts

спартыўны касцюм

el jogging

фартух

el delantal

пальчаткі

los guantes

гузік
....
el botón

акуляры
....
los anteojos

бранзалет
....
la pulsera

каралі
....
el collar

кальцо
....
el anillo

завушніца
....
el aro

кепка
....
la gorra

вешалка
....
la percha

капялюш
....
el sombrero

гальштук
....
la corbata

маланка
....
el cierre

шлем
....
el casco

падцяжкі
....
los tiradores

школьная форма
....
el uniforme escolar

уніформа
....
el uniforme

нагруднік

el babero

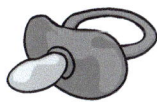

пустышка

el chupete

падгузнік

el pañal

офіс

la oficina

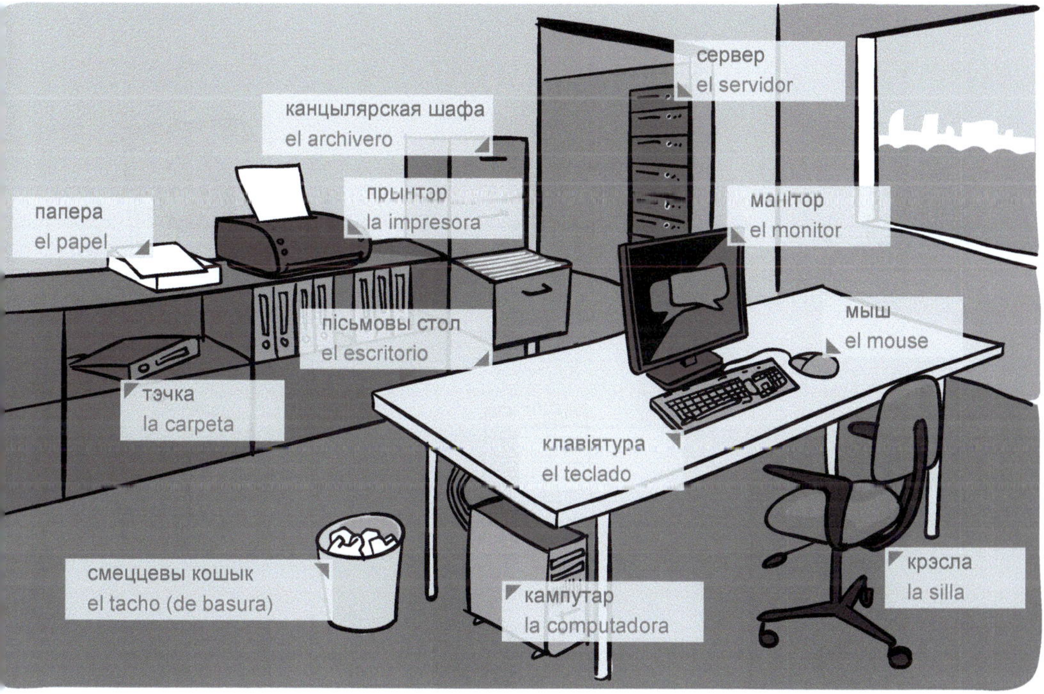

канцылярская шафа
el archivero

сервер
el servidor

папера
el papel

прынтэр
la impresora

манітор
el monitor

пісьмовы стол
el escritorio

мыш
el mouse

тэчка
la carpeta

клавіятура
el teclado

смеццевы кошык
el tacho (de basura)

кампутар
la computadora

крэсла
la silla

кубак для кавы (філіжанка)

la taza de café

калькулятар

la calculadora

інтэрнэт

el internet

ноўтбук

la laptop

ліст

la carta

паведамленне

el mensaje

мабільны тэлефон

el celular

сетка

la red

ксеракс

la fotocopiadora

праграмнае забеспячэнне

el software

тэлефон

el teléfono

разетка

el tomacorriente

факс

el fax

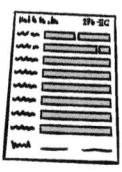

фармуляр

el formulario

дакумент

el documento

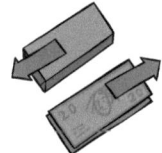

купляць

comprar

плаціць

pagar

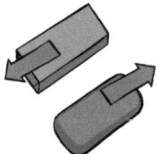

гандляваць

hacer negocios

грошы

ol dincro

долар

el dólar

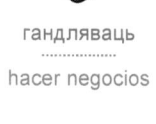

еўра

el euro

ена

el yon

рубель

el rublo

франк

el franco suizo

кітайскі юань

el yuan

рупія

la rupia

банкамат

el cajero automático

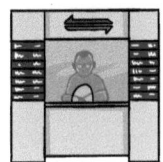

абменны пункт

la casa de cambio

золата

el oro

срэбра

la plata

нафта

el petróleo

энергія

la energía

цана

el precio

кантракт

el contrato

падатак

el impuesto

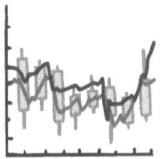

акцыя

la acción

працаваць

trabajar

служачы

el empleado

працадаўца

el empleador

фабрыка

la fábrica

крама

el negocio

эканоміка - la economía

прафесіі
las ocupaciones

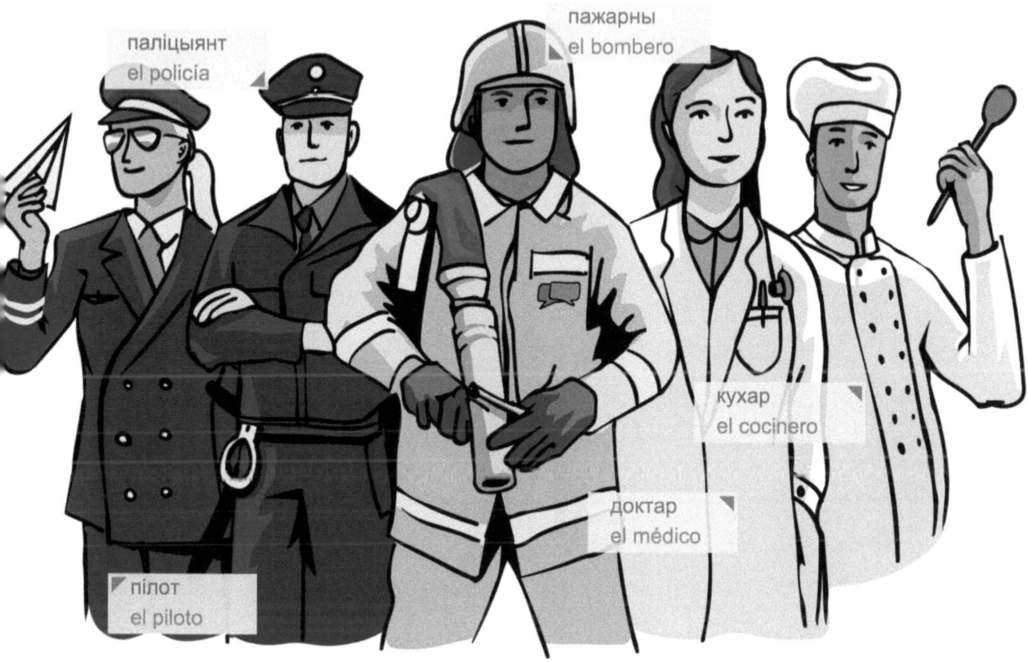

паліцыянт
el policía
пажарны
el bombero
кухар
el cocinero
доктар
el médico
пілот
el piloto

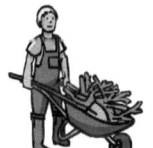

садоўнік

el jardinero

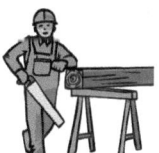

слесар

el carpintero

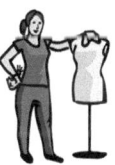

швачка

la modista

суддзя

el juez

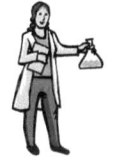

хімік

el farmacéutico

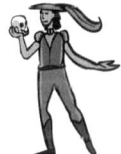

артыст

el actor

кіроўца аўтобуса

el colectivero

таксіст

el taxista

рыбак

el pescador

прыбіральшчыца

la mucama

страхар

el techista

афіцыянт

el mozo

паляўнічы

el cazador

мастак

el pintor

пекар

el panadero

электрык

el electricista

будаўнік

el albañil

інжынер

el ingeniero

мяснік

el carnicero

сантэхнік

el plomero

паштальён

el cartero

салдат
el soldado

архітэктар
el arquitecto

касір
el cajero

фларыст
el florista

цырульнік
el peluquero

кандуктар
el cobrador

механік
el mecánico

капітан
el capitán

стаматолаг
el dentista

вучоны
el científico

рабін
el rabino

імам
el imán

манах
el monjo

святар
el sacerdote

інструменты
las herramientas

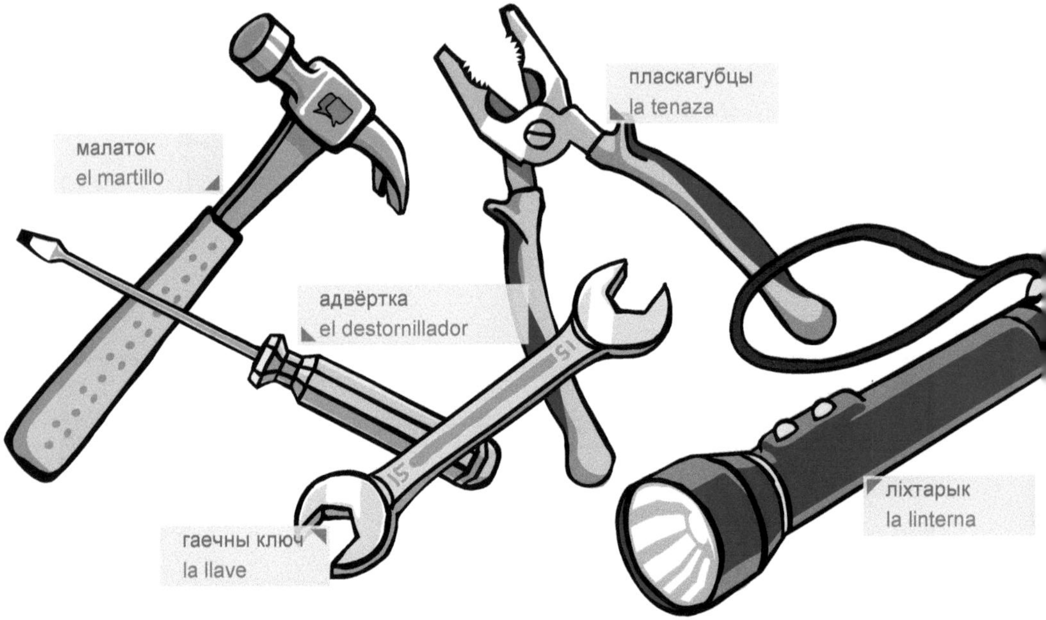

малаток
el martillo
пласкагубцы
la tenaza
адвёртка
el destornillador
гаечны ключ
la llave
ліхтарык
la linterna

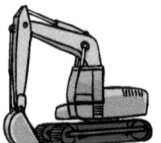

экскаватар

la excavadora

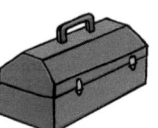

скрыня для інструментаў

la caja de herramientas

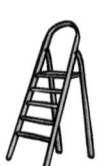

дравіны

la escalera portátil

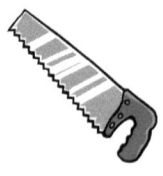

піла

la sierra

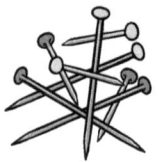

цвікі

los clavos

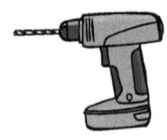

дрыль

el taladro

рамантаваць

arreglar

рыдлеўка

la pala de jardín

Халера!

¡Qué bronca!

шуфлік для смецця

la pala de plástico

вядро з фарбаю

el tacho de pintura

балты

los tornillos

музычныя інструменты
los instrumentos musicales

калонкі
el parlante

ударны інструмент
la batería

гітара
la guitarra

кантрабас
el contrabajo

труба
la trompeta

піяніна

el piano

скрыпка

el violín

басгітара

el bajo

літаўры

los timbales

барабан

el tambor

клавішны электрамузычны інструмент

el teclado

саксафон

el saxofón

флейта

la flauta

мікрафон

el micrófono

заапарк
el zoológico

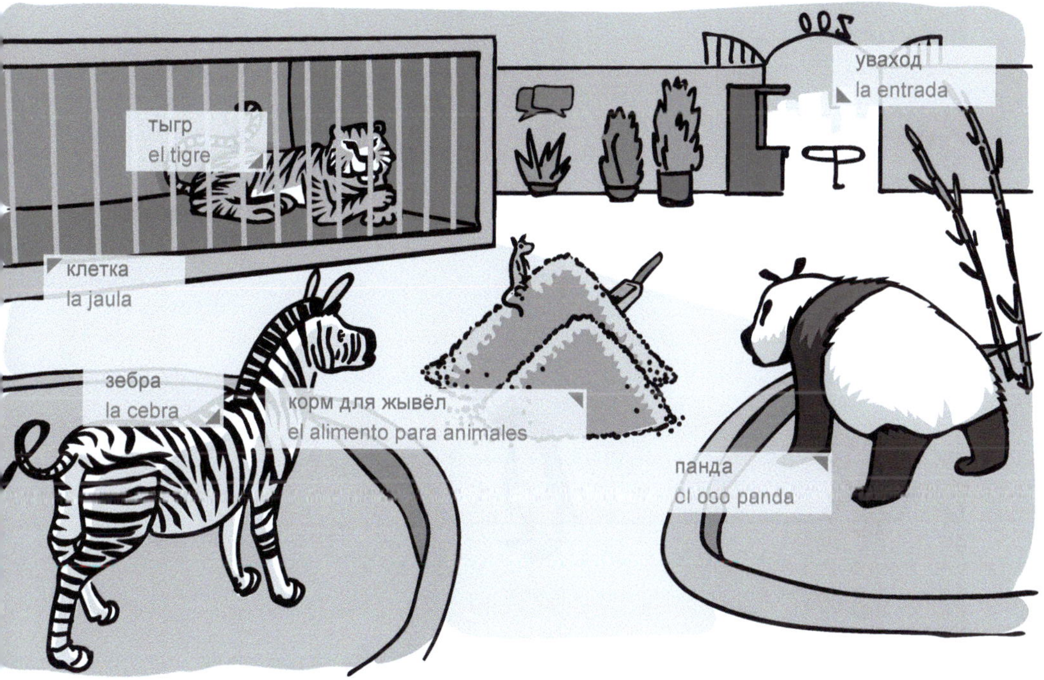

уваход
la entrada
тыгр
el tigre
клетка
la jaula
зебра
la cebra
корм для жывёл
el alimento para animales
панда
el oso panda

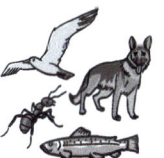

жывёлы

los animales

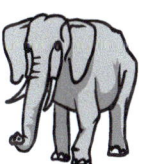

слон

el elefante

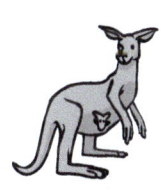

кенгуру

el canguro

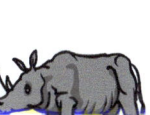

насарог

el rinoceronte

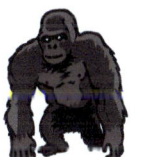

гарыла

el gorila

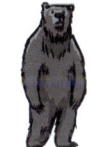

мядзведзь

el oso

вярблюд

el camello

стравус

el avestruz

леў

el león

малпа

el mono

фламінга

el flamenco

папугай

el loro

белы мядзведзь

el oso polar

пінгвін

el pingüino

акула

el tiburón

паўлін

el pavo real

змяя

la serpiente

кракадзіл

el cocodrilo

наглядчык заапарка

el cuidador del zoológico

цюлень

la foca

ягуар

el jaguar

понi

el poni

леапард

el leopardo

бегемот

el hipopótamo

жыраф

la jirafa

арол

el águila

дзiк

el jabalí

рыбак

el pescado

чарапаха

la tortuga

морж

la morsa

лiса

el zorro

газель

la gacela

амерыканскі футбол
el fútbol americano

веласпорт
el ciclismo

тэніс
el tenis

баскетбол
el básquet

плаванне
la natación

хакей з шайбай
el hockey sobre hielo

бокс
el boxeo

футбол
el fútbol

бадмінтон
el bádminton

лёгкая атлетыка
el atletismo

гандбол
el handball

горныя лыжы
el esquí

пола
el polo

дзейнасць

las actividades

скакаць
saltar
абдымаць
abrazar
смяяцца
reír
іспі
caminar
спяваць
cantar
марыць
soñar
маліцца
rezar
цалаваць
besar

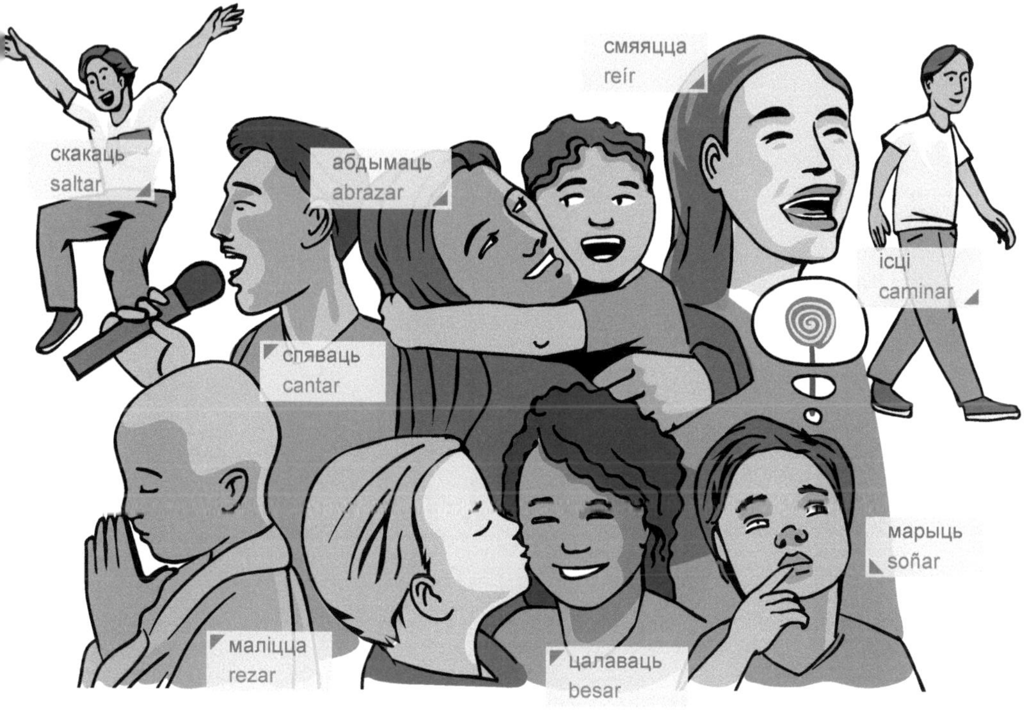

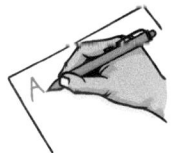

пісаць

escribir

маляваць

dibujar

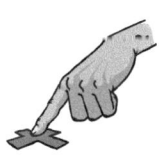

паказваць

mostrar

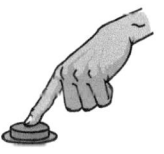

націснуць

presionar

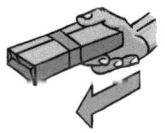

даваць

dar

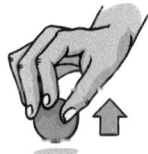

браць

tomar

маць

tener

выконваць

hacer

быць

ser

стаяць

estar parado

бегчы

correr

цягнуць

tirar

кідаць

tirar

падаць

caer

ляжаць

estar acostado

чакаць

esperar

насіць

llevar

сядзець

estar sentado

апранацца

vestirse

спаць

dormir

прачынацца

despertar

глядзець

mirar

плакаць

llorar

лашчыць

acariciar

прычэсвацца

peinar

гаварыць

hablar

разумець

entender

пытаць

preguntar

чуць

escuchar

піць

beber

есці

comer

прыбіраць

ordenar

кахаць

amar

гатаваць

coclnar

ехаць

manejar

лятаць

volar

плаваць пад ветразем

navegar

лічыць

calcular

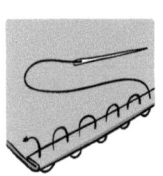

чытаць

leer

вучыць

aprender

працаваць

trabajar

уступаць у шлюб

casarse

шыць

coser

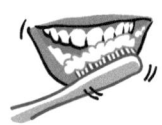

чысціць зубы

cepillarse los dientes

забіваць

matar

курыць

fumar

пасылаць

enviar

сям'я
la familia

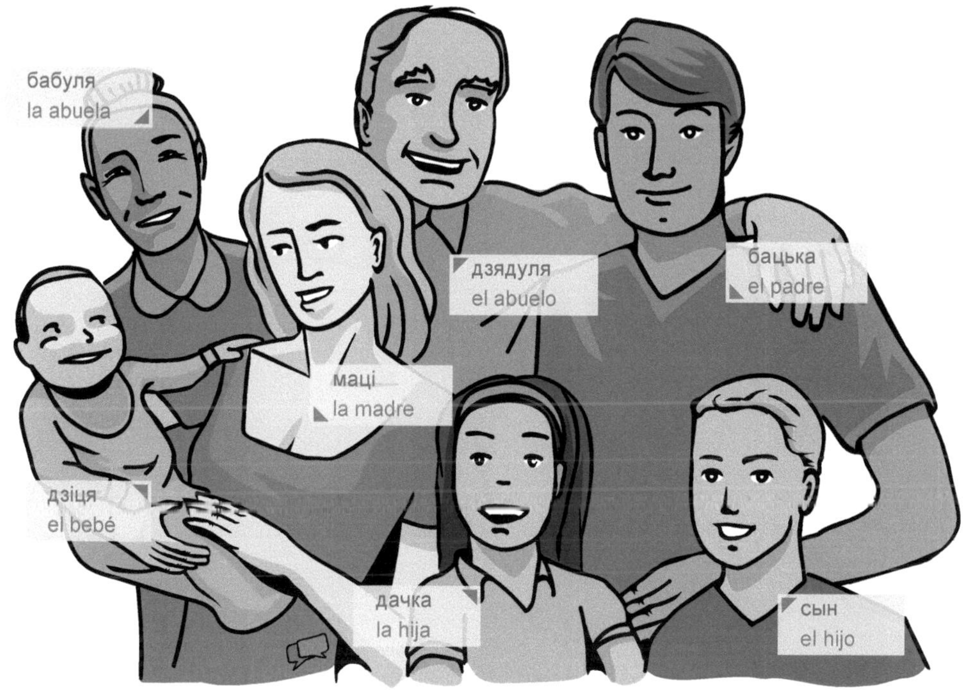
бабуля
la abuela
дзядуля
el abuelo
бацька
el padre
маці
la madre
дзіця
el bebé
дачка
la hija
сын
el hijo

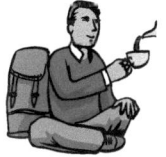

госць
el invitado

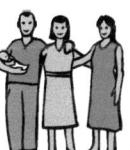

цётка
la tía

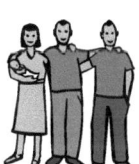

дзядзька
el tío

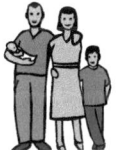

брат
el hermano

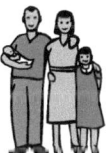

сястра
la hermana

цела

el cuerpo

лоб
la frente
вока
el ojo
плячо
el hombro
палец
el dedo
твар
la cara
падбародак
la pera
рука
la mano
нага
la pierna
грудзі
el pecho
рука
el brazo

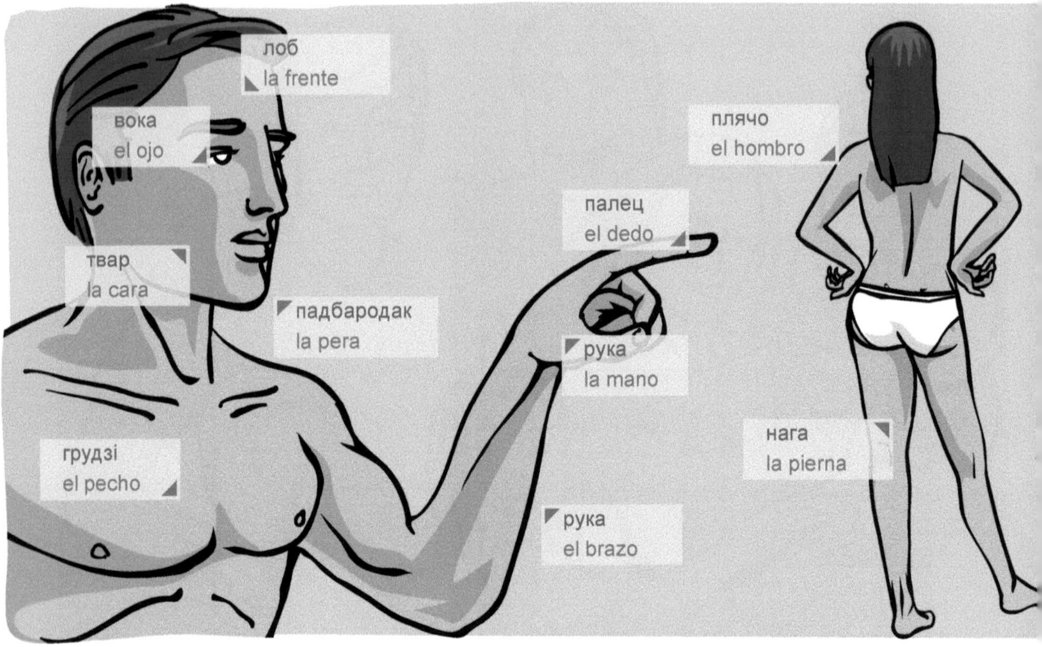

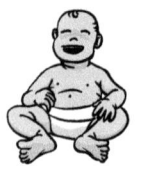

дзіця

el bebé

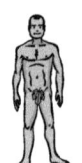

мужчына

el hombre

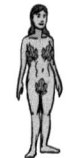

жанчына

la mujer

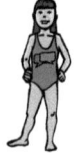

дзяўчынка

la nena

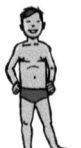

хлопчык

el nene

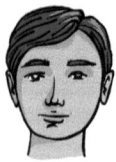

галава

la cabeza

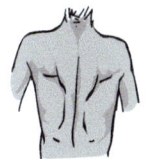

спіна

la espalda

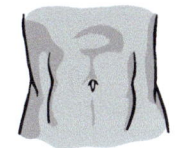

жывот

la panza

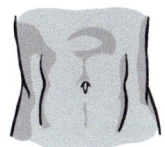

пуп

el ombligo

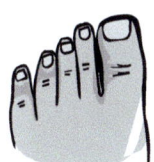

палец нагі

el dedo del pie

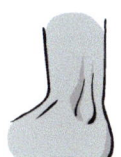

пятка

el talón

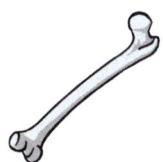

костка

el hueso

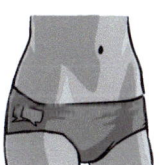

бядро

la cadera

калена

la rodilla

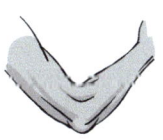

локаць

el codo

нос

la nariz

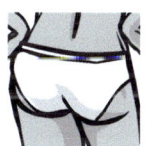

ягадзіца

la cola

скура

la piel

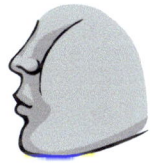

шчака

el cachete

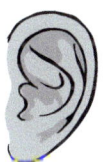

вуха

la oreja

губа

el labio

рот

la boca

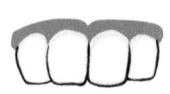

зуб

el diente

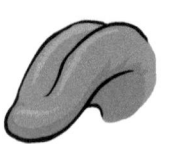

язык

la lengua

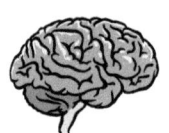

галаўны мозг

el cerebro

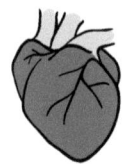

сэрца

el corazón

мышца

el músculo

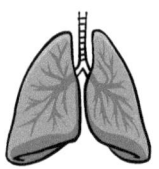

лёгкае

el pulmón

пячонка

el hígado

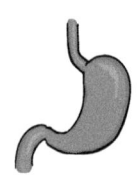

страўнік

el estómago

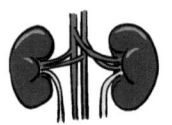

ныркі

los riñones

сэкс

el sexo

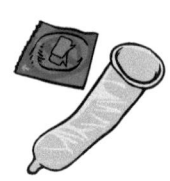

прэзерватыў

el preservativo

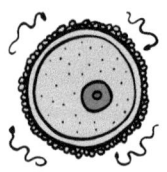

яйцаклетка

el óvulo

сперма

el semen

цяжарнасць

el embarazo

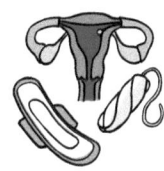

менструацыя

la menstruación

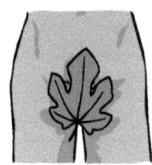

похва

la vagina

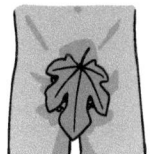

пеніс

el pene

брыво

la ceja

валасы

el pelo

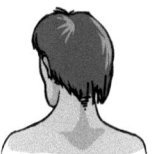

шыя

el cuello

шпіталь

el hospital

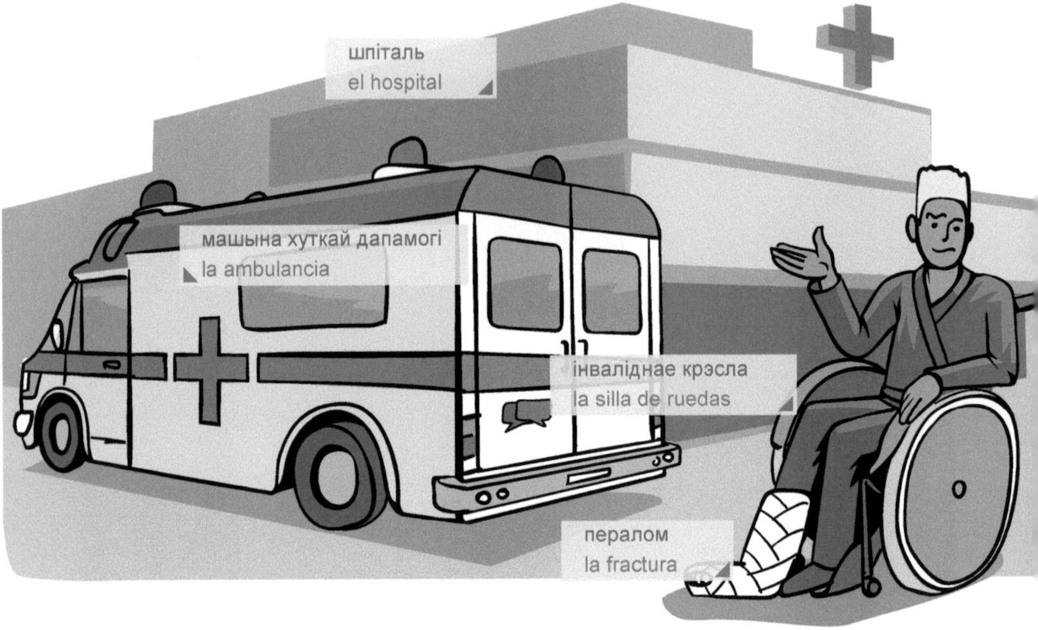

шпіталь
el hospital
машына хуткай дапамогі
la ambulancia
інваліднае крэсла
la silla de ruedas
пералом
la fractura

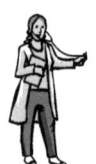

доктар

el médico

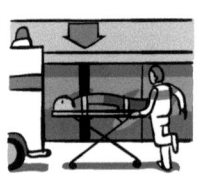

аддзяленне першай дапамогі

la sala de guardia

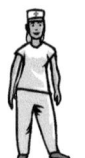

медсястра

la enfermera

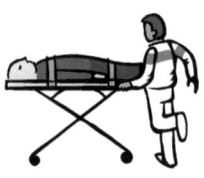

экстраная дапамога

la emergencia

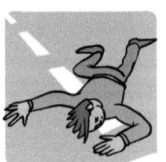

непрытомны

inconsciente

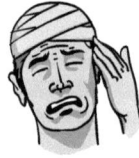

боль

el dolor

траўма

la lesión

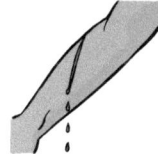

крывацёк

la hemorragia

інфаркт

el infarto

апаплексія

el ACV

алергія

la alergia

кашаль

la tos

гарачка

la fiebre

грып

la gripe

панос

la diarrea

галаўны боль

el dolor de cabeza

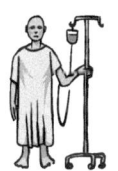

рак

el cáncer

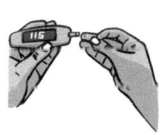

дыябет

la diabetes

хірург

el cirujano

скальпель

el bisturí

аперацыя

la operación

КТ

la TC

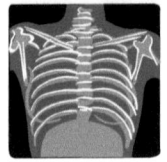

рэнтген

los rayos x

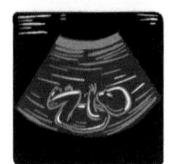

ультрагук

la ecografía

маска

el barbijo

хвароба

la enfermedad

пачакальня

la sala de espera

мыліца

la muleta

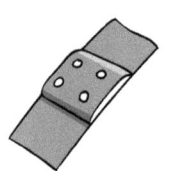

пластыр

la curita

бінт

la venda

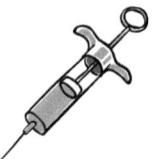

ін'екцыя

la inyección

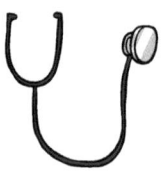

стэтаскоп

el estetoscopio

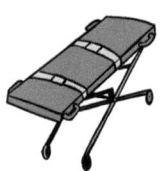

насілкі

la camilla

градуснік

el termómetro

нараджэнне

el nacimiento

лішняя вага

el sobrepeso

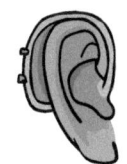

слухавы апарат

el audífono

дэзінфекцыйны сродак

el desinfectante

інфекцыя

la infección

вірус

el virus

ВІЧ/СНІД

el VIH / SIDA

лекі

el remedio

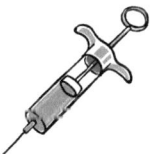

прышчэпка

la vacunación

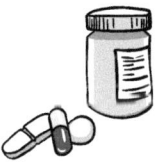

таблеткі

los comprimidos

супрацьзачаткавая таблетка

la pastilla anticonceptiva

экстраны выклік

la llamada de emergencia

танометр

el tensiómetro

хворы / здаровы

enfermo / sano

Ратуйце!

¡Ayuda!

сігналізацыя

la alarma

напад

la agresión

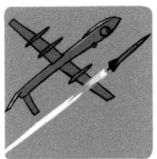

атака

el ataque

небяспека

el peligro

аварыйны выхад

la salida de emergencia

Пажар!

¡Fuego!

вогнетушыцель

el matafuego

аварыя

el accidente

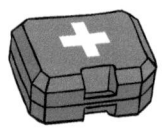

аптэчка

el botiquín de primeros
auxilios

СОС

el SOS

паліцыя

la policía

Еўропа

Europa

Паўночная Амерыка

América del Norte

Паўднёвая Амерыка

América del Sur

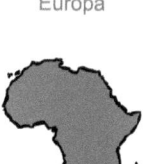

Афрыка

África

Азія

Asia

Аўстралія

Australia

Атлантычны акіян

el Atlántico

Ціхі акіян

el Pacífico

Індыйскі акіян

el Océano Índico

Паўднёвы ледавіты акіян

el Océano Antártico

Паўночны ледавіты акіян

el Océano Ártico

Паўночны полюс

el polo norte

Паўднёвы полюс

el polo sur

Антарктыда

la Antártida

Зямля

la Tierra

краіна

la tierra

мора

el mar

востраў

la isla

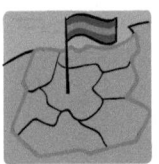

нацыя

la nación

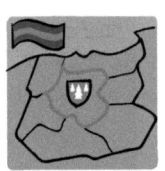

дзяржава

el estado

цыферблат

la esfera

гадзінная стрэлка

la manecilla de las horas

хвілінная стрэлка

el minutero

секундная стрэлка

el segundero

Колькі часу?

¿Qué hora es?

дзень

el día

час

la hora

зараз

ahora

электронны гадзіннік

el reloj digital

хвіліна

el minuto

гадзіна

la hora

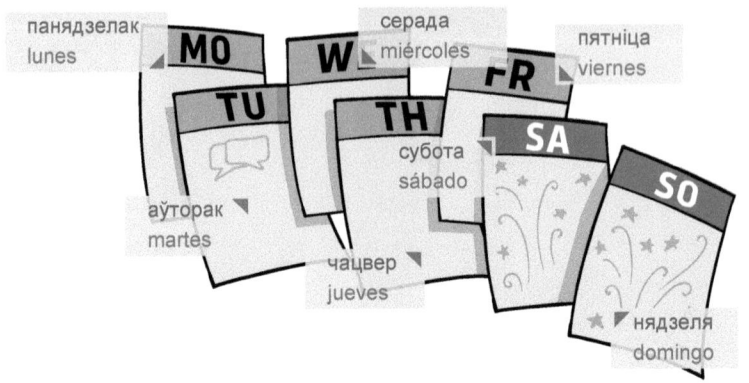

панядзелак / lunes
серада / miércoles
пятніца / viernes
аўторак / martes
чацвер / jueves
субота / sábado
нядзеля / domingo

ўчора
ayer

сёння
hoy

заўтра
mañana

раніца
la mañana

абед
el mediodía

вечар
la tarde

працоўныя дні
los días hábiles

выхадныя
el fin de semana

год

el año

дождж
la lluvia
вясёлка
el arco iris
снег
la nieve
вецер
el viento
вясна
la primavera
восень
el otoño
лета
el verano
зіма
el invierno

4.APRIL 11°
5.APRIL 4°
6.APRIL 13°
7.APRIL 8°
8.APRIL 10°

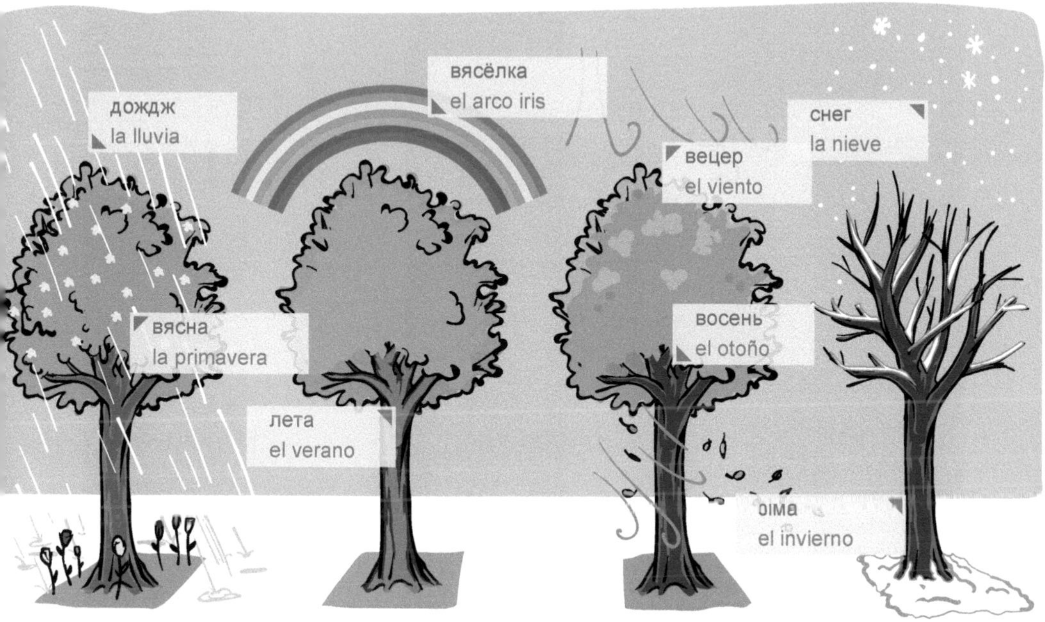

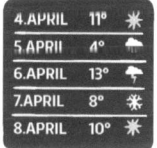

прагноз надвор'я

el pronóstico meteorológico

F
C

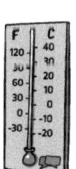

градуснік

el termómetro

сонечнае святло

la luz del sol

воблака

la nube

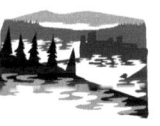

туман

la niebla

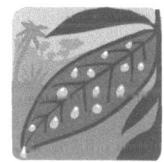

вільготнасць паветра

la humedad

маланка

el rayo

гром

el trueno

бура

la tormenta

град

el granizo

мусонны вецер

el monzón

прыліў

la inundación

лёд

el hielo

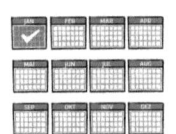

студзень

enero

люты

febrero

сакавік

marzo

красавік

abril

май

mayo

чэрвень

junio

ліпень

julio

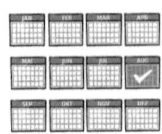

жнівень

agosto

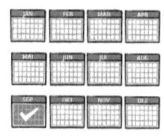

верасень

septiembre

кастрычнік

octubre

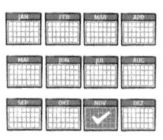

лістапад

noviembre

снежань

diciembre

формы
las formas

круг

el círculo

квадрат

el cuadrado

прамавугольнік

el rectángulo

трохвугольнік

el triángulo

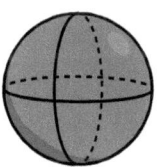

шар

la esfera

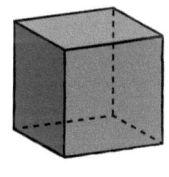

куб

el cubo

белы

blanco

жоўты

amarillo

аранжавы

naranja

ружовы

rosa

чырвоны

rojo

фіялетавы

violeta

сіні

azul

зялёны

verde

карычневы

marrón

шэры

gris

чорны

negro

шмат / мала

mucho / poco

злы / добры

enojado / tranquilo

прыгожы / брыдкі

lindo / feo

пачатак / канец

el principio / el fin

высокі / малы

grande / chico

светлы / цёмны

claro / oscuro

сястра / брат

el hermano / la hermana

чысты / брудны

limpio / sucio

поўны / няпоўны

completo / incompleto

дзень / ноч

el día / la noche

мёртвы / жывы

muerto / vivo

шырокі / вузкі

ancho / angosto

ядомы / неядомы

comestible / no comestible

злы / добры

malo / amable

узбуджаны / нудны

entusiasmado / aburrido

тоўсты / тонкі

gordo / flaco

першы / апошні

primero / último

сябар / вораг

el amigo / el enemigo

поўны / пусты

lleno / vacío

цвёрды / мяккі

duro / blando

важкі / лёгкі

pesado / liviano

голад / смага

el hambre / la sed

хворы / здаровы

enfermo / sano

нелегальны / легальны

ilegal / legal

разумны / дурны

inteligente / estúpido

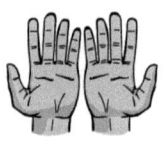

левы / правы

izquierda / derecha

побач / далёка

cerca / lejos

новы / былы ва ўжыванні

nuevo / usado

нічога / нешта

nada / algo

стары / малады

viejo / joven

укл / выкл

encendido / apagado

адчынены / зачынены

abierto / cerrado

ціхі / гучны

silencioso / ruidoso

багаты / бедны

rico / pobre

правільна / няправільна

correcto / incorrecto

шурпаты / гладкі

áspero / suave

сумны / шчаслівы

triste / contento

кароткі / доўгі

corto / largo

павольны / хуткі

lento / rápido

вільготны / сухі

mojado / seco

цёплы / халаднаваты

caliente / frío

вайна / мір

guerra / paz

0

нуль

cero

1

адзін

uno

2

два

dos

3

тры

tres

4

чатыры

cuatro

5

пяць

cinco

6

шэсць

seis

7

сем

siete

8

восем

ocho

9

дзевяць

nueve

10

дзесяць

diez

11

адзінаццаць

once

12

дванаццаць
doce

13

трынаццаць
trece

14

чатырнаццаць
catorce

15

пятнаццаць
quince

16

шаснаццаць
dieciséis

17

сямнаццаць
diecisiete

18

васямнаццаць
dieciocho

19

дзевятнаццаць
diecinueve

20

дваццаць
veinte

100

сто
cien

1.000

тысяча
mil

1.000.000

мільён
el millón

англійская

el inglés

англійская (Амерыка)

el inglés americano

кітайская мандарынская

el chino mandarín

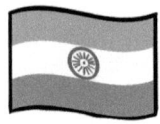

хіндзі

el hindi

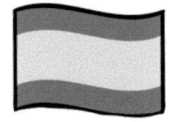

іспанская

el español

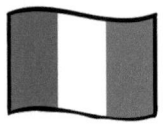

французская

el francés

арабская

el árabe

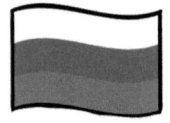

руская

el ruso

партугальская

el portugués

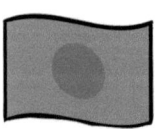

бенгальская

el bengalí

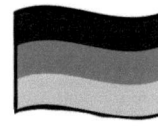

нямецкая

el alemán

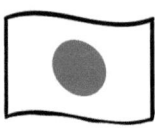

японская

el japonés

я
yo

ты
vos

ён / яна / яно
él / ella

мы
nosotros

вы
ustedes

яны
ellos

хто?
¿quién?

што?
¿qué?

як?
¿cómo?

дзе?
¿dónde?

калі?
¿cuándo?

імя
el nombre

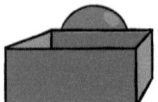

за

detrás

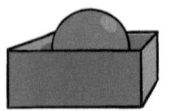

у

en

перад

adelante de

над

por encima de

на

sobre

пад

debajo de

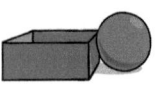

каля

al lado de

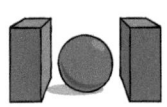

паміж

entre

месца

el lugar